반가워요, 대왕판다 씨.

인터뷰를 시작할게요!

앤디 시드 글, 닉 이스트 그림, 김배경 옮김

인뭄

옮긴이 김배경

가톨릭대학교를 졸업하고 출판사에서 일하다가 지금은 어린이·청소년 책을 우리말로 옮기고 있습니다.
번역서로 『샹데렐라』 『상상을 현실로 바꾼 수학자들』 『기회를 주세요』 『기린에게 다가가세요』 『슈퍼 수의사와 동물들』
『안녕하세요 벵골호랑이 씨, 인터뷰를 시작하겠습니다』 등이 있습니다.

Interview with a Panda: and Other Endangered Animals Too

Text copyright © Andy Seed 2023
Illustrations copyright © Nick East 2023
Andy Seed and Nick East have asserted their moral rights to be identified as the author and illustrator of this Work in accordance with
the Copyright Designs and Patents Act 1988.
First published in UK in 2023 by Welbeck Editions, an imprint of Hachette Children's Group
Korean edition copyright © Pakyoungsa 2025
All rights reserved.
This Korean edition is published by arrangement with Carlton Books Limited through Shinwon Agency Co., Seoul.

반가워요, 대왕판다 씨, 인터뷰를 시작할게요!

초판 1쇄 발행 2025년 6월 13일

지은이 앤디 시드 | 그린이 닉 이스트 | 옮긴이 김배경
펴낸이 안종만·안상준 | 편집 총괄 장혜옥 | 디자인 정혜미 | 마케팅 조은선 | 제작 고철민·김원표
펴낸곳 (주)박영사 | 등록 1959년 3월 11일 제300-1959-1호(倫) | 주소 서울시 금천구 가산디지털2로 53, 210호(가산동, 한라시그마밸리)
전화 02-733-6771 | 팩스 02-736-4818 | 이메일 inbook@pybook.co.kr | 홈페이지 www.pybook.co.kr
ISBN 979-11-303-2346-6 73490

*파본은 구입하신 곳에서 교환해 드립니다. 본서의 무단복제행위를 금합니다.
*책값은 뒤표지에 있습니다.
*인목은 (주)박영사의 단행본 브랜드입니다.

들어가는 글 ·· 04

대왕판다 인터뷰 ································· 06
수마트라코끼리 인터뷰 ······················ 10
카카포 인터뷰 ···································· 14
쿠바악어 인터뷰 ································ 18
검은코뿔소 인터뷰 ····························· 22
푸른바다거북 인터뷰 ························· 26
사막독사 인터뷰 ································ 30
날여우박쥐 인터뷰 ····························· 34
님바두꺼비 인터뷰 ····························· 38
타이거카멜레온 인터뷰 ······················ 42

멸종 위기에 놓인 동물들을 도우려면 ········· 46
도전! '자연 탐구 영역' 평가 ····················· 48

들어가는 글

'동물 언어 통역기'는 내가 심혈을 기울여 만든 기계예요. 동물의 울음소리를 사람의 언어로 바꿔주는 신통방통한 발명품이죠. 이 통역기 덕분에 야생동물 인터뷰를 여러 번 성공했답니다. 이번에도 아주 희귀한 동물들과 이야기를 나눌 거예요. 왜냐고요? 안타깝게도 이번이 이 동물들과 대화할 수 있는 마지막 기회일지도 모르거든요!

지구상의 많은 동물이 위험에 처해 있다니, 얼마나 화딱지 나는 일인지 몰라요. 이 세상에 개체가 하나도 남지 않고 사라질 위기에 놓인 동물이 많다는 거예요. 가만있을 게 아니라 어떻게든 도와야겠다고 생각했어요. 가장 먼저 이 야생동물들을 만나 이야기를 들어보기로 했어요. 이 책은 이들이 들려주는 슬프고도 아름다운 생명의 이야기를 담고 있답니다.

얼마나 많은 동물이 **멸종**을 앞두고 있는지 듣고 까무러치는 줄 알았어요. 그래서 꼭 안아주고 싶을 만큼 귀여운 판다, 무시무시한 악어, 거대한 몸집의 코끼리, 쪼끄마한 두꺼비, 우아하게 하늘을 나는 날여우박쥐, 복슬복슬한 앵무새 카카포를 만나기로 했어요.

얼른 말해.
"할 말 없습니다!"
라고.

그런데 세상에, 이 야생동물들이 인간을 너무 싫어해서 인터뷰하기가 쉽지 않았어요. 사람들에게 정말 화가 나 있거든요. 나한테 어찌나 쏘아붙이던지, 인터뷰 내내 '미안하다'고 거듭 사과했어요. 세상에 '사과 대장'이 있다면 '바로 나!'라고 해도 될 정도였다니까요. 덕분에 멸종 위기의 동물 구하는 방법을 이 책에 소개할 수 있었어요. 어쨌든 이 동물들이 우리에게 무슨 이야기를 들려주는지 잘 들어보기 바라요!

대왕판다 인터뷰

아, 인터뷰를 앞두고 몹시 떨리고 흥분되네요. 첫 번째 손님은 세상에서 가장 귀여운 동물이죠. 덩치는 산만 한데, 얼굴은 토실토실 귀엽기 짝이 없죠! 반전 매력이 넘치는 우리의 친구, 대왕판다를 소개합니다!

Q: 대왕판다 씨를 찾느라 애먹었어요. 원래 이런 외딴 산속에 사나요?

A: 평화롭게 살고 싶거든요. 아작아작. 도시에 산다고 생각해 봐요. 아작아작. 절대 조용히 지낼 수 없을 거예요. 삶이 아작나는 거죠.

Q: 아작이라고요? 엉망이 됐을 거란 말인가요?

A: 맞아요.

Q: 대왕판다는 하루 종일 뭐해요? 취미가 있나요?

A: 우적우적. 취미요? 그런 거 없는데. 우적우적 아작아작 아삭아삭.

Q: 취미로 '먹방 찍기'는 어때요? 정말 잘 드시는 것 같은데.

A: 아작아작. 내가 잘 먹긴, 우적우적, 뭘, 우적우적, 잘 먹는다고 그래요. 아작아작.

Q: 쉬지 않고 계속 드시니까 그렇죠. 지금 먹고 있는 음식이 뭐예요?

A: 우적우적. 이거요? 이거, 우적우적, 대나무, 아자아작, 아작아작, 대나무예요.

우적우적
아작아작

Q: 대나무! 정원 울타리에 두르는 나무요?

A: 아작아작. 우적우적. 아뇨. 그건 대나무 기둥을 엮어서 만든 거고요. 우리는 단단한 기둥 말고 연하고 싱싱한 줄기 부분을 먹어요. 잎이랑 싹도 아삭아삭 씹어 먹으면 정말 맛있어요. 우적우적. 난 그것만 있으면 돼요. 끄윽—.

Q: 대왕판다 씨처럼 큰 곰이 샐러드만 먹고 산다는 말인가요? 그 육중한 몸에 식물만 먹고 어떻게 견뎌요?

A: 뭐 어때요. 난 괜찮은데. 사실 에너지가 좀 부족하긴 해요. 그래서 우리는 잠을 많이 자고 충분히 쉬면서 에너지를 적게 쓰죠. 이건 비밀인데, 똥을 하루에 사십 번 정도 싸거든요. 섬유질을 많이 먹어서 그런지 화장실을 자주 가네요.

Q: 그렇군요. 책에서 봤는데, 판다는 고향이 중국이래요. 그런데 고향에 판다가 많이 남지 않았다면서요?

A: 많이 남지 않았다고요? 흠. 여긴 나밖에 없는데요. 아, 알겠다! 우리 판다들이 지금 멸종 위기거든요. 그게 다 사람들 탓이에요. 당신한테 뭐라고 하는 건 아니에요. 인간 전체를 말하는 거지.

Q: 허걱, 우리가 뭘 어쨌길래요?

A: 우리가 사는 숲을 없애고 먹이와 안전과 평화를 몽땅 앗아 갔다고나 할까요? 말하자면, 하암, 우리 서식지를 망가뜨렸어요. 이곳 사람들은 나무를 너무 많이 베요. 숲을 밀어내고 농장을 만들고 도로와 철도를 놓았어요. 그래서 점점 더 깊은 산속으로 들어갈 수밖에 없어요. 판다는 서로 부대끼며 사는 걸 싫어하는데. 대왕판다한테는 너른 공간이 필요하다고요! 인간은 이보다 더 나쁜 짓도 했어요.

Q: 예를 들면요?

A: 고기를 먹고 모피 코트를 만들어 입으려고 대왕판다를 사냥해요. 산 채로 잡아다 우리에 가두고 하루 종일 웃음거리로 만들죠.

Q: 정말 미안해요. '미안하다고 싹싹 빌 동물 목록'에 대왕판다 이름을 올려둘게요. 그런데 동물원을 좋아하지 않나 봐요.

A: 날마다 좁은 철창에 갇혀 사는 게 뭐가 좋다고.

Q: 하지만 동물원은 판다가 멸종되지 않도록 번식을 도와주잖아요. 그건 어떻게 생각해요?

A: 그래도 동물원은 사양할게요. 당신 같으면 아무리 가족이 있어도 감옥에서 사는 게 단란하고 행복하게 느껴지겠어요? 하암. 그리고 판다는 원래 새끼를 많이 낳지도 않아요.

Q: 왜요?

A: 하아암. 나 같은 암컷은 내내 혼자 지내다가 일 년에 딱 하루 이틀 정도 수컷을 만나 사랑을 나누거든요. 갓 태어난 새끼는 딱 사람 손바닥 크기예요. 그렇게 자그마한 녀석들이 어떻게 살아남는지 정말 신기하다니까요. 표범이나 독수리 같은 맹수가 새끼를 채가지 않게 눈 부릅뜨고 지켜보죠.

Q: 곰은 겨울잠을 자는데, 판다도 그런가요?

A: 흐으음, 졸려. 아니요.

Q: 신기하네요. 아까부터 계속 하품하시던데. 마지막으로 독자들에게 하고 싶은 말이 있나요?

A: 네.

Q: 해주세요.

A: 동물들에게 착한 사람이 되세요. 안 그러면 내가 엉덩이를 꽉 물어버릴 거… 쿨쿨 쿨쿨.

수마트라 코끼리 인터뷰

다음은 섬나라 인도네시아에서 오신 대형동물입니다. 키는 3미터에, 몸무게는 무려 4톤이 넘고요. 길고 거대한 코가 자랑거리인데, 6만 개의 근육 조직으로 이뤄져 있다고 해요. 수마트라코끼리 씨를 모시겠습니다!

Q: 와, 덩치가 정말 크네요. 크다는 이야기를 들으면 기분이 어때요?

A: 내가 크다고요? 당신이 작은 거겠지. 나보다 덩치 큰 고래도 있는데 뭘 그래요. 기린은 나보다 키가 크고, 뱀은 나보다 몸이 길고. 그런데도 내가 크다고? 중요한 건 외모가 아니라 마음이지. 안 그래요, 진상 양반?

Q: 맞는 말만 골라서 하시네요. 그나저나 제 이름은 앤디인데, '진상'이라뇨?

A: 당신은 인간이니까. 인간들은 자연에 와서 온갖 '진상 짓'을 하지. 이 섬을 망가뜨린 장본인이고.

Q: 당신이 사는 수마트라 섬 말인가요? 내가 망가뜨린 것도 아닌데, 억울하네요.

A: 수마트라 섬은 세상에서 제일 큰 섬 중 하나요. 옛날에는 수많은 동물들의 고향이었지. 사나운 호랑이, 힘센 코뿔소, 점잖은 오랑우탄까지. 그리고 다양한 코끼리 부족이 살던 곳이에요. 그런데 이제는 다 빼앗기고, 망가지고, 생명체가 죽어나가는 섬이 됐죠.

Q: 알겠어요. 그럼 어떤 땅에 살고 싶어요?

A: 열대우림. 나무와 수풀이 우거지고 과일이 풍성해서 먹이가 넘쳐나는 곳이니까. 우리는 먹성이 대단해서, 먹이를 찾아 계속 돌아다녀야 돼요.

Q: 그런데 숲에 무슨 일이 생긴 거예요?

A: 인간들이 숲을 다 베어냈죠. 농장을 세우고 집을 짓는다면서. 그리고 이 숲에 나지 않는 외래 식물을 들여오는 바람에 토종 식물이 비집고 자랄 틈이 없어졌다오. 수마트라 섬에 사는 생물들은 숲을 중심으로 사이좋게 서로 의지하며 살았는데 그게 다 무너진 거요.

Q: 어디서 읽었는데, 수마트라코끼리가 멸종될 위기라는 게 사실인가요? 이유가 뭐죠?

A: 한 가지 이유를 들자면, 인간들이 코끼리 상아를 너무 탐내서 우리를 많이 죽였기 때문이지. 작물을 못 건드리게 한답시고 독을 풀어놓기도 했고. 우리도 사람들 옆에 가기 싫다고! 하지만 살아남으려면 계속 돌아다니는 수밖에 없는걸 어쩌란 말이오.

Q: 먹이를 구하려고 말인가요?

A: 먹이 때문만이 아니지. 이 섬에는 아주 오래된 코끼리 이동 경로가 있어요. 수천 년 동안 코끼리들이 다닌 길이죠. 그 길을 따라가다 보면, 다른 코끼리 무리의 친구도 사귀고 짝짓기 상대도 찾을 수 있어요. 새끼를 낳지 못하면 세상에서 코끼리가 사라질 테니까.

Q: 슬픈 이야기네요. 뭐 좋은 소식은 없나요?

A: 있어요. 인간들이 모두 진상은 아니라는 것! 사실, 이 섬에 사는 사람들한테도 땅이 필요하다는 건 우리도 알아요. 인간과 코끼리가 평화롭게 공존해야죠. 그래서 어떤 똑똑한 사람들이 밀렵꾼과 벌목꾼으로부터 코끼리를 보호하기 위해 국립공원을 만들었어요. 이 공원 안의 나무는 베지 못하게 했고.

Q: 국립공원이 도움이 됐나요?

A: 그럼요. 그런데 코끼리 무리가 최대한 많이 들어와 살려면 국립공원이 엄청 넓어야 해요.

Q: 이 책을 통해 어린이들이 코끼리가 처한 어려움을 이해할 수 있다면 좋겠어요. 이번에는 수마트라코끼리에 대한 흥미로운 사실도 알려주실래요?

A: 흥미로운 사실이라…. 아! 코끼리는 점프를 못해요! 이건 몰랐죠?

Q: 뭐 그런 당연한 말씀을…. 좋습니다. 다른 건요?

A: 코끼리 똥은 진짜 커요. 하루에 열여섯 시간을 먹는 데 쓰니까. 그런데 코끼리 똥이 큰 게 얼마나 다행인지 몰라요. 똥이 땅에 떨어질 때 똥에 섞여 있던 식물의 씨앗이 여기저기로 퍼져나가 다양한 식물로 이루어진 숲이 될 테니까요..

Q: 대단하네요. 그럼 코는 어디에 쓰나요?

A: 쓰이는 데야 많죠! 숨 쉬고, 먹고, 물 마시고, 뭔가를 잡고, 만지고, 물 뿌려서 목욕도 하고, 트럼펫 부는 소리도 내고. 전부 코로 하는걸요. 불량배를 만나면 코로 냅다 후려치고요.

Q: 와! 나도 그런 코가 있으면 좋겠어요! 엄니(상아)의 쓰임새는 뭔가요?

A: 엄니는 코끼리의 앞니예요. 염분 섭취를 위해 소금 바위를 깰 때, 영역 표시하려고 나무 긁을 때, 암컷을 유혹할 때 두루 쓰이지. 다시 말하지만, 불량배랑 싸울 때도 상아가 무기라오.

Q: 코끼리들도 싸우나요?

A: 아뇨. 다행이게도.

Q: 마지막으로 독자들에게 하고 싶은 이야기가 있다면요?

A: 우리가 살아남을 수 있게 도와주기 바라오. 자연을 해치는 진상 짓은 그만 좀 하고.

좋은 말씀 감사합니다!

카카포 인터뷰

저는 지금 울창한 숲 한 가운데 와 있습니다. 이곳은 뉴질랜드 해안에서 조금 떨어진 섬인데요. 노란색과 초록색 털이 아름답게 어우러진 커다란 동물이 초롱초롱한 눈으로 저를 바라보고 있답니다. 지구상에서 가장 희귀하고 특이한 새 중 하나죠. 이번 인터뷰는 정말 어렵게 성사된 것이라 몹시 흥분되네요!

Q: 카카포 씨, 오늘 기분이 어때요?
A: 그런대로 괜찮아요. 나쁘지 않네요. 알고 싶은 게 뭐죠?

Q: 카카포 씨는 몸집이 큰 앵무새 같아요. 아님, 초록 올빼미인가요?
A: 하하. 나 앵무새 맞아요. 날지는 못해도. 그런데 올빼미를 닮았다고 하는 사람들이 많아요.

Q: 왜 못 날아요?
A: 몸이 무거워서요. 보다시피 날개는 아주 작은데 말이죠.

Q: 그럼 나무에 어떻게 올라가요?
A: 먹이를 구하려면 나무 위로 올라가야 하는데, 기어오르는 실력은 나쁘지 않거든요. 이 튼튼한 발톱, 보이죠?

Q: 그렇군요. 카카포 씨는 뭘 먹고 사나요?
A: 주로 열매와 씨앗이요. 가끔 즙이 있는 나무 이파리도 먹죠. 채식주의자라고나 할까.

Q: 잠깐만요, 이게 무슨 소리죠?
A: 아, 수컷이 내는 소리예요. 사랑을 나눌 암컷을 찾을 때 '붐' 하고 울죠. 밤마다 일곱 시간 정도 저렇게 울어요.

Q: 실례지만... 얼굴에 털이 많이 났는데, 왜 그런지 물어봐도 될까요?

A: 감히 그런 말을 하다뇨! 털이 많긴 뭐가 많아요. 부리 주변에 난 이 깃털 덕분에 어둠 속에서도 길을 감지할 수 있는 건데요.

Q: 어두울 땐 자지 않나요?

A: 아뇨. 카카포는 야행성이라서요. 주로 낮에 쉬고 밤에 나와서 활동하죠. 그게 더 안전해요.

Q: 그래서 올빼미처럼 생겼나? 그런데 무엇으로부터 안전하다는 거죠? 이 섬에 카카포를 해치는 포식자는 없는 것 같은데요.

A: 가끔 커다란 독수리가 나타나거든요. 그래도 이 털 색깔 덕분에 나무인 척 위장하기 좋아요. 우리 아빠가 그러는데, 예전에는 못된 고양이나 쥐, 담비가 카카포를 많이 잡아먹었대요. 특히 땅에 둥지를 튼 새끼들을요.

Q: 그래서 카카포가 멸종 위기 동물이 된 건가요?

A: 그런 이유도 있지만, 옛날에 뉴질랜드 원주민인 마오리 족이 사냥개를 풀어 카카포를 잡았어요. 그러다 바보 같은 작자들이 고양이와 담비를 몰고 뉴질랜드에 나타났어요. 우리가 날지 못하니까 아주 만만한 사냥감으로 본 거죠.

Q: 도대체 어떤 바보들이 그런 짓을 하죠?

A: 당신처럼 생긴 사람들이었어요. 유럽에서 온 이주자라고 했어요. 오래전에 배를 타고 와 농작지를 일군다고 숲을 몽땅 벴죠. 그래서 우리가 살 곳이 확 줄어들었어요. 예전엔 카카포가 수천 마리는 됐는데, 1990년대에는 뉴질랜드를 통틀어 51마리밖에 남지 않았어요. 거의 전멸하다시피 했죠.

Q: 아휴, 정말 미안해요. 그래도 천적이 없는 섬을 찾아서 다행이네요. 안 그래요?

A: 하하. 우리가 찾아낸 건 아니고요.

Q: 무슨 뜻이죠?

A: 고맙게도, 우리 선조들을 이 섬에 데려다준 사람들이 있었어요. 카카포를 보존하려고 1995년에 '카카포 복원 프로그램'이라는 훌륭한 제도를 만들었거든요. 쥐, 고양이, 담비를 모두 몰아내고 우리를 이리로 옮겨온 거예요. 먹이가 충분한지도 미리 확인해뒀고요. 정말 대단하지 않나요?

Q: 카카포를 돕는 사람들이 있었다니 기쁘네요. 다리에 매단 그 꼬리표는 뭐예요?

A: 모든 카카포에 달아둔 인식표예요. 심지어 조류 관리자들이 우리를 모니터 할 수 있게 무선 송신기도 부착돼 있어요. 그들이 카카포의 알과 새끼들을 돌봐줘요. 직접 먹이를 줄 때도 있어요! 덕분에 카카포 개체 수가 서서히 늘어나 지금은 200마리 정도 된답니다!

Q: 놀랍군요! 그 인식표에 이름도 적혀 있나요?

A: 모르겠어요. 글씨를 읽을 줄 몰라서요. 뭐라고 적혀 있는지 봐줄래요?

Q: 이름이 '와'라고 적혀 있는데요. 당신 이름 맞아요?

A: '와'라고요? 와! 내 이름은 도리스인데!

저런, 여기도 동물 언어 통역기가 필요한 것 같군요! 그럼 안녕히 계세요, 도리스 씨!

쿠바악어 인터뷰

긴장되냐고요? 내가요? 아뇨, 전혀요. 세상에서 가장 공격적인 악어와 인터뷰를 앞두고 있긴 합니다만, 그게 대수인가요. 그동안 내가 얼마나 많은 야생동물을 만난 지 아세요? 그런데 저 꼭 하고 싶은 말이 있는데요…
누가 나 좀 살려줘요!

Q: 안녕하세요. 착한 쿠바악어 씨, 어떻게 지내시나요?

A: 이렇게 제 안부까지 챙기시고. 정말 자상하시네요. 전 잘 지내고 있어요. 이렇게 좋은 인터뷰에 초대해 주셔서 영광이에요. 감사합니다.

Q: 별말씀을요. 악어는 원래 이렇게 예의 바른 동물인가요?

A: 아뇨, 그렇지는 않아요. 친척 중에 '앨리게이터'가 있는데 버릇없기로 유명하죠. 미국에 서식하는 '카이만'은 시끄럽고 냄새가 고약한 녀석들이고요. 아시아에 있는 친척 '가비알'은 예의범절이라고는 도통 모르고요. 우리 중 몸집이 제일 큰 '바다악어'는 음식을 먹을 때 입을 벌리고 쩝쩝거린답니다. 다들 못 말린다니까요.

Q: 그럼 쿠바악어는 다른 악어들과 뭐가 다른가요? 예의 바르다는 점 말고요.

A: 제가 평가할 자격은 없지만, 좋은 질문이라고 말씀드리고 싶군요. 작가 선생님, 우리는 몸집이 작은 악어예요. 몸길이가 보통 1.8~3미터 정도 되죠. 길고 튼튼한 다리로 높은 데도 올라갈 수 있어요. 속도는 또 얼마나 빠르다고요.

Q: 쿠바악어는 모두 이런 늪지대에 사나요?

A: 미안합니다, 잘 못 들었어요. 다시 한번 말씀해 주시겠어요?

Q: 쿠바악어는 늪에 서식하냐고 물었습니다.

A: 아, 서식지에 관한 질문이군요. 이번엔 잘 알아들었어요. 사실 우린 습지에 거주해요. 강가 같은 '담수성 습지'에 살죠. 하지만 육지에서도 시간을 많이 보내요.

Q: 뭘 먹고 사나요?

A: 뭐라고 하셨죠? 정말 죄송합니다만, 제 귀가 어두워서 그런데요. 조금만 더 가까이 와서 다시 말씀해 주시겠어요?

Q: 이 정도면... 될까요? 제일 좋아하는 먹이가 뭔가요?

A: 훨씬 잘 들리네요. 음, 우리는 거북이, 물고기를 잡아먹어요. 새우 같은 갑각류도 좋아하고요. 하지만 제일 맛있는 건 쥐랑 새예요. 나뭇가지에 앉아있는 걸 낚아채죠.

Q: 와, 그걸 어떻게 잡아요?

A: 크고 두꺼운 꼬리를 세게 휘두르면 그 반동으로 물에서 뛰어오를 수 있거든요. 제 꼬리가 얼마나 튼튼한지 가까이 와서 보실래요?

19

Q: 재주가 많으시네요. 그런데 왜 쿠바악어가 세상에 얼마 남지 않았나요?

A: 이런, 잘 안 들리는군요. 내가 질문을 잘 알아들을 수 있도록 조금만 더 가까이 와 주시면 감사하겠어요.

Q: 그럼 동물 언어 통역기 볼륨을 조금 더 높일게요. 어때요, 잘 들리나요?

A: 그냥 가까이 와 주시면 안 돼요? 제발요. 어서요! 걱정 말고 이리 오세요.

Q: 전 그냥 여기 있는 게... 좋겠어요. 이제 잘 들리시잖아요, 아닌가요?

A: 으악! 천불 나! 그래, 잘 들린다, 잘 들려! 이거 정말 짜증 나는 인간이네! 맛있어 보여서 가까이 좀 오랬더니 말도 더럽게 안 들어요!

Q: 헉, 본색을 드러내시는군요. 사람까지 잡아먹는 거예요?

A: 아니! 하지만 인간들이 하는 짓을 봐, 안 잡아먹고 싶겠나. 우리를 멸종 위기에 몰아넣은 장본인이 바로 인간이잖아! 수년 전만 하더라도 카리브해 지역 도처에 쿠바악어들이 살았어. 지금은 이 늪에 겨우 몇 마리 남아 있을 뿐이라고! 씩씩!

Q: 무슨 일이 있었나요?

A: 무슨 일? 방금 무슨 일이 있었냐고 물었어? 사냥꾼들이 총과 그물을 가지고 와서 우리를 마구잡이로 죽였어. 내 눈으로 똑똑히 봤다고! 내 친구와 가족들이 맛있는 요리랍시고 식당 테이블에 올려졌어. 내 사촌들은 구두랑 핸드백에 가죽을 바쳤고. 이래도 내가 화내는 게 지나치다고 생각해?

Q: 하지만 이곳 쿠바에서 악어를 구하려는 특별한 계획이 진행되고 있다고 들었어요. 동물원에서는 새끼들을 번식시켜 야생으로 돌려보내고 있고요.

A: 잠깐만. 그 말은… 사람들이 우리 개체 수를 늘리기 위해 노력하고 있다는 건가? 그건 단순히 악어 사냥을 금지하는 것보다 어려운 일일 텐데.

Q: 잘 짚어주셨어요. 사람들이 지금 불법 악어 사냥을 막고 번식도 돕고 있어요. 저 이제 그만 가봐도 될까요?

A: 그래. 그리고 다시는 여기 얼씬도 하지 마. 안 그러면 잡아먹어 버릴 테니까.

돌아와! 나 외롭단 말이야. 배도 고프고.

검은코뿔소 인터뷰

이번에는 아프리카 잠비아에서 온 동물 손님입니다. 몸무게가 1톤이 넘는 대형동물이고, 버릇없이 대드는 걸 못 참는 성격이라고 하죠. 저라면 이분 앞에서 정말 조심할 것 같아요. 그럼 모시고 이야기 나눠 보겠습니다! 검은코뿔소 여사님, 나와 주세요!

Q: 안녕하세요, 검은코뿔소 여사님. 몇 가지 질문을 좀... 드려도 될까요?

A: 아니. 저리 가요! 안 그러면 댁을 우표보다 납작하게 뭉개버릴 테니까.

Q: 아이코, 죄송합니다. 짧게나마 인터뷰를 하고 싶은데….

A: 하하. 속았죠? 농담이었어요! 당연히 인터뷰에 응해야죠. 얼마나 기다렸는지 몰라요!

Q: 정말이요?

A: 그럼요! 코뿔소가 난폭하고 위험하다고 생각하는 사람들이 많은데, 화날 때만 그렇지 원래는 그 반대예요. 게다가 당신은 개미 새끼 한 마리 못 해칠 것처럼 보이는걸요.

Q: 감사합니다. 방금 '새끼'를 언급하셔서 말인데요, 저 새끼 코뿔소가 여사님 아들인가요?

A: 네. 정말 귀엽지 않나요? 일주일 전에 태어났어요. 갓 나왔을 때 몸무게가 45킬로그램쯤 됐어요. 이름은 켄이에요.

Q: 정말 예쁘네요. 안녕, 켄. 그런데 왜 켄은 뿔이 없어요?

A: 아직은 뿔이 없지만, 어른이 되면 큰 뿔 하나, 작은 뿔 하나를 갖게 될 거예요. 나처럼 두 개의 뿔을요. 켄은 수컷이라 큰 뿔은 90센티미터까지 자랄 거예요!

Q: 뿔은 어디에 쓰나요?

A: 뿔피리 불고 놀 때요.

Q: 뭐라고요?

A: 하하. 잘 속는군요. 농담이에요. 뿔은 다른 코뿔소로부터 우리를 보호하는 무기예요. 나뭇가지를 꺾거나 땅을 파서 먹이를 구할 때도 뿔을 사용하고요.

Q: 그럼, 코뿔소끼리 싸운다는 말인가요?

A: 잘 아시네요. 주로 수컷끼리 싸워요. 암컷을 차지하려고 서로 경쟁하거든요. 그러다가 심한 부상을 입고 죽을 수도 있어요. 솔직히 내가 아름답긴 하잖아요. 그렇다고 싸울 필요는 없는데. 하여간 수컷들이란….

Q: 그렇군요. 아까 먹이 이야기를 하셨죠? 검은코뿔소는 뭘 먹어요?

A: 주로 사자, 악어, 하이에나요. 하하하. 농담이에요. 코뿔소는 초식 동물이에요. 식물만 먹고사는. 아카시아 나뭇가지와 잎을 잘 먹어요. 사자나 악어, 하이에나는 우리를 잡아먹으려는 천적이고요. 특히 코뿔소 새끼를 호시탐탐 노리는 녀석들이죠. 그래서 새끼들이 어미 옆에 꼭 달라붙어서 떨어지지 않는 거예요.

Q: 어른 코뿔소를 잡으려는 포식자는 없어요?

A: 덤벼드는 맹수가 있긴 하죠. 하지만 나는 몸무게가 1톤이 넘고, 화가 나면 시속 48킬로미터의 속도로 달릴 수 있기 때문에 만만한 상대가 아니에요. 날 건드리면 뿔에 엉덩이를 찔리거나 호떡처럼 납작하게 깔릴 수 있으니 조심하는 게 좋아요.

Q: 오! 그럼 코뿔소가 아프리카 평원의 대장이겠는데요?

A: 분하지만, 아니에요. 우리보다 크고 몸무게도 많이 나가지만, 똑같은 먹이를 찾는 동물이 있어요. 코끼리요! 코끼리하고는 절대 안 싸워요.

Q: 그렇겠군요. 그나저나, 여사님의 몸은 짙은 회색인데 왜 '검은'코뿔소라고 부르죠?

A: 나도 모르겠어요. 심지어 '흰코뿔소'도 몸은 회색이에요. 이상하죠?

Q: 음. 이 질문은 정말 하고 싶지 않은데요, 그래도 물어봐야 할 것 같습니다. 인간에 대해 어떻게 생각해요?

A: 물론 당신처럼 좋은 사람도 있죠. 대부분의 관광객은 사진 찍는 걸로 만족하거든요. 국립공원을 만들어 야생동물을 보호하는 사람들도 있고요. 하지만 나쁜 인간들은 뿔로 들이받고 싶어요.

Q: 누가 나쁜 사람인데요?

A: 밀렵꾼 같은 부류죠. 코뿔소 씨를 말려버린다니까요. 총을 쏴서 죽이지를 않나, 뿔을 베어가서 내다 팔지를 않나. 소문을 듣자 하니, 못된 인간들이 코뿔소 뿔로 효과도 없는 약과 단검 손잡이를 만든다는 거예요!

Q: 정말 나쁜 사람들이네요! 검은코뿔소가 멸종 위기라니 정말 유감이에요. 대부분의 사람들은 야생동물을 보호하고 싶어 해요.

A: 알아요. 잠깐 실례할게요. 이 나무에 오줌 좀 눠야겠어요.

Q: 네, 괜찮습니다. 그런데 왜 나무에 오줌을 눠요?

A: 다른 코뿔소들한테 내가 이 근처에 있다는 걸 알리는 거예요. 밤에 날씨가 선선해지면 모여서 수다라도 떨려고요. 우리는 후각과 청력이 뛰어나거든요. 시력은 떨어지지만요.

Q: 마지막 질문입니다. 검은코뿔소와 흰코뿔소를 어떻게 구별하나요?

A: 이마가 더 벗겨진 쪽이 흰코뿔소예요. 하하, 농담이고요. 흰코뿔소가 몸집이 좀 더 크고 입술 모양이 달라요. 흰코뿔소는 네모진 입술인데, 우리는 좀 더 좁고 세모 형태예요. 우리가 더 잘 생겼죠.

이제 마칠 시간입니다. 인터뷰는 즐거우셨죠? 설마 나쁜 인간들 대신 저를 뿔로 치려는 건 아니죠?

푸른바다거북 인터뷰

저는 지금 햇볕이 뜨겁게 내리쬐는 멕시코의 어느 바닷가에 나와 있습니다. 몸길이가 1미터에 달하는 거대한 파충류를 인터뷰하기 위해 이곳까지 왔는데요! 단단한 등 껍데기와 지느러미발이 있고, 꽤 심술궂어 보이는 얼굴을 한 동물입니다. 푸른바다거북을 만나보실까요?

Q: 이렇게 해변에서 이야기 나누니까 좋은데요. 지금 휴가 중이신가요?
A: 바다거북은 휴가가 없어요. 그나저ㅡ나 옆으로 좀 비켜줄래요? 일하는 데 방해되니까.

Q: 앗, 미안합니다. 그런데 땅을 아주 잘 파시네요. 모래성을 쌓는 건가요?
A: 이봐요, 뒤로 좀 물러서라니까요. 지금 둥지 파고 있는 거 안 보여요?

Q: 둥지를 판다고요? 해변에요? 왜요?
A: 진짜 성가시게 구네. 옷자락 좀 바지 속에 넣어 입어요. 당신 옷매무새가 엉망이에요. 난 어두워지기 전에 빨리 알 백 개를 낳아야 돼요.

Q: 그렇군요. 알을 낳으면 새처럼 부화될 때까지 품고 있을 건가요?
A: 이런 멍청한 질문이 다 있나! 난 알을 모래에 묻고 떠날 거란 말예요. 9주가 지나면 알을 깨고 새끼 거북이 나오니까. 녀석들은 스스로 모래를 헤치고 바닷속으로 뛰어들 거예요. 나도 그랬어요. 사십 년 전 바로 여기서.

Q: 새끼 거북이 기특하네요. 당신도 이 해변에서 태어난 거예요? 진짜요?

A: 진짜고말고요. 모든 암컷 바다거북은 나처럼 자기가 부화한 해변을 기억하고 있어요. 그래서 알을 낳을 즈음 그 해변으로 돌아가죠. 나도 여기서 새끼를 낳으려고 1000 킬로미터를 헤엄쳐 왔어요. 그 모래더미 좀 치워줄래요? 아뇨, 거기요. 아니, 그쪽 말고!

Q: 도대체 그 먼 길을 어떻게 찾아오는 거예요? 바다에 교통 표지판이 있는 것도 아니잖아요. 혹시 위성 내비게이션이라도 있어요?

A: 길 찾는 방법은 우리만의 비밀이에요. 우리는 좋은 먹잇감을 찾아 멀리 여행을 떠나요. 따뜻하고 수심이 얕은 바다에서 자라는 맛있는 해초를 먹죠. 특히 '조류(말)'라는 바다 풀을 좋아해요. 어떤 멍청이들이 해초처럼 보이는 그물을 바다에 자꾸 쳐놓아, 그걸 먹고 탈이 나거나 목에 걸려 목숨을 잃기도 하지만요.

Q: 끔찍하네요. 그 멍청이들이 누군지 알아요?

A: 그럼요. 바로 당신들이요.

Q: 네? 난 바다에 아무것도 안 버렸는데요. 참, 자동차 열쇠를 빠뜨린 적은 있지만요.

A: 당신이 그랬다는 게 아니라 인간 전체를 말하는 거예요. 당신들이 바다에 함부로 버린 비닐봉지를 바다거북은 먹이로 착각해요. 무수히 많은 바다거북이 무심한 인간들 때문에 어망에 몸이 감기거나 쇠갈고리에 몸이 찢기고, 보트에 치여 죽는다니까요.

Q: 정말 미안해요. 하지만 이 책에 나오는 다른 육상 동물들과 달리, 적어도 바다 생물들의 서식지를 빼앗지는 않았잖아요. 안 그런가요?

A: 무슨 소리예요? 당연히 빼앗았죠! 바다거북들이 알을 낳는 해변에다 커다란 호텔을 지었잖아요. 모래를 헤집어 알을 꺼내갔고요. 우리를 좀 가만히 놔둬요! 바다도 그만 더럽히고요!

Q: 걱정하지 말아요. 내가 사람들에게 잘 말할게요. 이 책도 그런 목적으로 쓰는 거랍니다. 그런데 당신은 몸통이 얼룩덜룩 갈색빛을 띠는데, 왜 '푸른'바다거북이라고 하는 거죠?

A: 지방이 녹색이라 그래요. 껍데기 아래 지방층 말이에요. 당신 신발에 모래가 잔뜩 묻었네요. 부모님한테 혼나는 거 아녜요?

Q: 나를 '모험 대장'이라고 하는 대신 '모래 대장'이라고 하시지 않을까요? 하하. 당신은 전혀 안 웃네요. 알겠습니다. 인터뷰 빨리 마칠게요. 그런데 이 질문은 꼭 하고 싶어요. 아이들을 백 명이나 낳으면 어떤 기분인가요? 생일선물도 엄청 많이 사야 할 텐데….

A: 철딱서니 없는 말만 골라서 하는군요. 인간이란 존재는 정말….

Q: 철딱서니가 없다니요?

A: 인간은 하늘에서 거대한 새가 내려와 아기를 잡아먹을까 봐 걱정하지 않아도 되잖아요. 무시무시한 집게발을 세운 갑각류가 자기들이 사는 굴속에 아기를 밀어 넣을까 봐 떨지 않아도 되고요.

Q: 듣기만 해도 소름 끼치는 이야기네요. 왜 그런 말을 해요?

A: 바다거북 새끼들한테 흔히 일어나는 일이니까요. 알에서 부화한 새끼 바다거북이 바다로 향하는 즉시, 커다란 매나 굶주린 새떼가 해변에 속속 내려앉으면서 새끼들을 채가거든요. 아니면 달랑게들이 우르르 달려들거나요. 새끼 거북들은 이를 피해 죽기 살기로 바다로 뛰어들어요. 그러다 바닷물에 익사하는 녀석도 있고요. 결국 몇 마리 살아남지 못해요….

Q: 속상한 일이군요. 바다거북이 멸종 위기인 이유를 알겠어요. 우리가 도울 방법이 없을까요?

A: 서식지인 해변을 보호하고 바다거북의 알과 새끼들을 지켜주는 착한 사람들이 있긴 해요. 바다거북 사냥을 막기 위해 애쓰는 사람들도 있다고 들었어요. 세상에 나쁜 사람만 있는 건 아니니까요.

Q: 휴, 더 하고 싶은 이야기가 있나요?

A: 있어요. 이제 자리 좀 비켜줘요! 둥지 다 팠으니까 어서 알을 낳아야 된다니까요.

사막독사 인터뷰

저는 지금 튀르키예 산악지대에 있는 어느 계곡 꼭대기에 와 있어요. 여기서 뭘 하고 있냐고요? 이곳에 사는 위험천만한 파충류를 만나보려 해요. 암만 생각해도 정신 나간 짓 같지만, 여기까지 왔으니 포기하지 않을래요. 무시무시한 사막독사와의 인터뷰를 시작합니다!

Q: 안녕하세요, 사막독사 씨. 가까이 가도 될까요?

걱정하지 말아요. 내가 독사이긴 해도 당신을 물고 싶은 마음은 없어요.

Q: 왜요? 내가 착한 사람이라서요?

A: 아뇨. 키가 커서 한입에 다 먹을 수 없어서요. 내 귀중한 독을 낭비하기 싫거든요. 나는 쥐나 도마뱀처럼 통째로 삼킬 수 있을 정도로 작은 생물만 잡아먹어요.

Q: 휴, 한시름 놓았어요! 본인 소개 좀 해주시겠어요?

A: 나는 튀르키예 중부 돌산 지역에 사는 사막독사예요. 건조한 기후지만, 여기저기 웅장한 바위산이 내려다보이는 멋진 곳이죠. 하지만 더 넓은 세상을 보고 싶어서 여행을 떠나려 해요.

저녁밥 먹을 시간이네!

흠, 나랑 인터뷰 하는 건 어때요?

Q: 정말이요?

A: 네. 다른 사막독사 친구들은 내가 유별나대요. 하지만, 우리 모두 자기만의 개성이 있잖아요. 난 새로운 곳으로 모험을 떠나고 싶을 뿐이에요. 바깥 세상은 어떤 곳이에요? 당신은 어디서 왔어요?

Q: 저는 영국에서 왔어요. 춥고, 바람도 많이 불고, 습기가 많은 곳이에요. 그래도 가보고 싶어요?

A: 멋진데요! 하지만 아무래도 가기 어려울 것 같아요. 난 차도 없고, 자전거를 탈 수도 없는 몸이잖아요. 스르르 기어가는 건 자신 있는데, 그래도 영국까지 가는 건 불가능하겠죠.

Q: 튀르키예에 사는 사막독사는 정말 위험하다고 들었어요. 사람들이 사막독사를 반려동물로 키우기도 하나요?

A: 아뇨. 우선 우리는 사람들 눈에 잘 띄지 않아요. 이 산은 아주 외딴곳인 데다 탐험하기 쉽지 않은 지형이거든요. 왜 사막독사가 지구상에 2000마리밖에 안 남았는지 모르지만, 내 친구 브렌다는 이 주위에 양과 염소가 너무 많아서 그렇대요.

Q: 양과 염소가 사막독사를 잡아먹기라도 하나요? 양은 풀과 식물만 먹는 줄 알았는데요.

A: 맞아요. 풀만 뜯어먹고 사는 동물들이에요. 우리를 잡아먹는 천적은 독수리와 여우죠. 브렌다가 그러는데, 농부들이 기르는 양과 염소가 이 산에 피는 식물을 모조리 먹어 치우는 게 문제래요.

31

Q: 그게 사막독사랑 무슨 상관이죠?

A: 나도 브렌다한테 그렇게 말했어요! 그랬더니 한숨을 푹 쉬더라고요. "아직도 모르겠어? 내 말 잘 들어. 우리는 들쥐나 생쥐를 잡아먹어. 이 녀석들은 풀을 먹고. 그런데 양과 염소 때문에 쥐가 먹을 풀이 남아나질 않잖아. 쥐가 굶어 죽으면 우리도 덩달아 굶어 죽기 십상이라고! 알겠어?"

Q: 똑똑한 친구를 두셨군요. 브렌다 말이 맞는 거 같아요?

A: 모르겠어요. 난 그저 여행을 떠나고 싶을 뿐이에요. 아이슬란드에 가봤어요? 거긴 일 년 내내 얼음왕국이래요! 화산과 빙하 지대도 끝내준다고 들었어요.

Q: 아뇨, 러시아는 가봤어요. 위대한 음악가 '차이콥스키'의 나라죠.

A: 이름을 보니 러시아 사람들은 스키를 잘 타겠네요.

Q: 처음 듣는 얘긴데요? 그나저나 비늘에 무늬가 화려하네요.

A: 브렌다의 설명에 따르면, 바위 틈에 숨을 때 이 무늬 덕분에 들키지 않는 거래요. 바위 표면과 얼룩덜룩한 비늘무늬가 비슷해서, 사냥할 때 먹잇감이 눈치를 못 채더라고요. 사막독사를 못살게 구는 천적들도 우리를 못 알아보고 자꾸 놓치는 거예요. 이런 걸 뭐라고 하더라?

10시 방향에 여우 한 마리, 2시 방향엔 독수리야!

Q: 위장 말인가요?

A: 맞아요, 그거! 그건 그렇고, 당신이 가본 나라들에 대한 이야기나 좀 들어봅시다. 불빛 찬란한 도시는 어때요? 뉴욕, 파리, 서울, 도쿄 등.

Q: 언젠가는 당신도 가볼 수 있을 거예요. 그보다, 먹이를 어떻게 잡는지 말해주세요.

A: 알았어요. 작은 포유류나 새가 나타나기만 기다렸다가 내 옆을 지나는 순간, 스르르 다가가는 거죠. 그러다 먹잇감과 거리가 가까워졌을 때 입을 쫙 벌린 채 송곳니를 세우고, 확 달려들어 꽉 깨물어 버려요. 그러면 독이 온몸으로 퍼져 나간답니다.

Q: 와, 소름이 돋네요. 그다음은요?

A: 재빠른 녀석은 좀 더 달아나려고 하겠지만, 독 때문에 얼마 못 가 숨이 끊어질 거예요. 우리는 유유히 냄새를 따라가다가 쓰러져 있는 녀석을 발견하고 한입에 꿀꺽 삼켜버리죠. 음, 생각만 해도 군침이 도네요!

Q: 정말 강렬하고 흥미로운 인터뷰였어요. 전 이제 그만 가볼게요.

A: 벌써요? 나도 같이 가면 안 돼요? 짐도 얼마 없는데! 어디, 뱀이 옷 입는 거 봤나요!

5시쯤 나타날 줄 알았는데!

날여우박쥐 인터뷰

제가 지금 있는 곳은 인도양의 작은 열대 섬 모리셔스입니다. 이번 인터뷰는 정말 흥미진진할 것 같은데요. '날아다니는 여우'가 있다고 해서 찾아왔거든요. 이 생물이 사실은 박쥐라고 하는데, 진실은 과연 무엇일까요? 빨리 만나보도록 하겠습니다!

Q: 만나서 반갑습니다! 첫 번째 질문입니다. 당신은 여우인가요?

A: 아니요.

Q: 피를 빨아먹나요?

A: 아니요.

Q: 동굴 속에 사나요?

A: 아니요.

Q: 저기요, 인터뷰가 좀 이상하게 흘러가는 것 같은데요. 제 질문이 이상한 건 아니죠?

A: 아니요.

Q: 그럼, "아니요" 밖에 할 줄 모르나요?

A: 아니요.

Q: '아니요' 말고 다른 이야기를 좀 듣고 싶은데요.

A: 그럼 질문을 좀 잘 해보시든가요! 나는 날여우박쥐예요. 진짜 여우는 아니고 큰 박쥐예요. 얼굴이 여우처럼 생겼다고 이름을 이렇게 지었어요. 동굴이 아니라 나무 위에 거꾸로 매달려 있죠. 그리고 절대 피를 빨아먹지 않아요! 우리가 흡혈귀도 아니고….

Q: 그렇군요. 미안해요. 그런데, 거꾸로 매달려 있다는 게 무슨 말이에요?

A: 말 그대로예요. 거꾸로 매달려서 잠을 자거나 쉰답니다.

Q: 거꾸로 된 자세로 그게 가능해요?

A: 그럼요! 우리는 발톱이 아주 튼튼해서 나뭇가지를 꽉 움켜잡을 수 있거든요. 그렇게 매달려 있으면, 몸이 이미 공중에 떠 있기 때문에 날아가기도 훨씬 쉬워요.

Q: 흡혈귀도 아니란 말이죠?

A: 당연하죠. 세상에 흡혈귀가 어디 있다고 그래요.

Q: 그럼 남아메리카에 사는 흡혈박쥐는요? 동물의 피를 빨아먹는다잖아요.

A: 남아메리카가 뭐예요? 어쨌든 우리 날여우박쥐는 과일을 먹고 살아요. 그래서 과일박쥐라고 불리기도 해요. 간식으로 꽃과 이파리에서 꿀을 빨아먹기도 하죠. 냠냠.

"거기, 아랫동네 사람들! 위 올려다보지 말아요!"

Q: 이 섬에는 과일이 많아요?

A: 원래는 열대우림이 무성했던 곳이라 탐스러운 과일이 많이 열렸어요. 그런데 누군가 나무를 계속 베어냈어요. 집과 농장, 도로를 만든다고 숲을 싹 밀어버린 거예요. 그리고 이곳에 나지 않는 외래 식물을 키웠어요.

Q: 저런 바보들이 있나! 아... 이제 알겠네요. 인간들이 저지른 짓이군요. 그렇죠?

A: 맞아요. 바로 당신들이죠. 제발 우리 좀 못살게 굴지 말고 가만히 내버려뒀으면 좋겠어요! 도저히 살 수가 없어요! 이제는 숲에 과일도 부족해서 농부가 키우는 망고랑 리치를 훔쳐 먹을 지경이에요. 힘들게 키운 작물을 망쳐 놓는다고 총으로 쏴 죽이자고 했대요!

Q: 끔찍하네요. 날여우박쥐가 멸종 위기인 까닭이 있었군요. 다른 이유도 있나요?

A: 네! 이곳 모리셔스 섬에는 가끔 '사이클론'이라는 엄청난 열대성 폭풍이 몰아치는데, 우리 같은 작은 생물들을 다 휩쓸어 간답니다. 그렇다고 바다 건너 다른 곳으로 이사 가는 건 꿈도 못 꿀 일이고요….

Q: 저런. 그럼 이번에는 가벼운 질문을 던져볼게요. 박쥐라서 좋은 점이 뭐예요?

A: 많죠. 우리는 날개가 얇고 가벼워서 최고의 비행 선수예요. 이 섬에서 가장 몸집이 큰 포유류이고요. 똥으로 씨앗을 퍼트려 숲을 울창하게 가꿔준답니다.

Q: 어떻게요?

A: 과일을 많이 먹기 때문에 똥에 과일 씨앗이 섞여 있어요. 공중에서 똥을 누면 씨앗이 여기저기 퍼져나가 새 과일나무가 자라니까요.

Q: 놀라워요! 날여우박쥐를 보호하기 위해 좀 더 애써야겠는데요?

A: 제발요! 우리는 도도새처럼 사라지기 싫어요. 도도새도 이 섬에 살았단 말이에요. 지금은 자취를 감춘 코끼리거북도 마찬가지고요.

Q: 도도새와 코끼리거북 모두 멸종 동물이란 말인가요?

A: 맞아요, 멸종 동물. 멸종은 지구 멸망만큼이나 슬픈 소식이랍니다!

님바두꺼비 인터뷰

이번 인터뷰는 푸른 초원이 산자락을 덮고 있는 서아프리카 님바 산꼭대기에서 펼쳐집니다. 저는 '라이베리아'라는 나라를 거쳐 여기 와 있고요. 인터뷰의 주인공은 이 산에만 서식하는 희귀종이죠. 작지만 아주 당찬 성격의 소유자, 님바두꺼비와 이야기를 나눠 보겠습니다!

Q: 반가워요! 인터뷰해도 괜찮죠?

A: 인터뷰하면 나한테 뭘 해줄 건데요? 내가 얻는 게 뭐죠? 인터뷰 대가로 당신은 돈이라도 벌 텐데, 난 아무것도 없잖아요. 불공평하지 않아요?

Q: 님바두꺼비도 돈을 쓰나요?

A: 아뇨. 하지만 그게 중요한 게 아니라요. 두꺼비도 정당한 대우를 받을 권리가 있다! 이 말이에요.

Q: 그렇군요. 혹시 멸종 위기에 처해 있어서 그런 거예요?

A: 다른 두꺼비들은 멸종될 위험이 없어요. 사탕수수두꺼비, 내터잭두꺼비, 황금두꺼비, 텍사스두꺼비, 아프리카 왕두꺼비, 오리엔탈 무당두꺼비 같은 녀석들 말이죠. 하지만 우리 님바두꺼비는 지구상에 몇 마리 남지 않은 멸종 위기 동물이에요. 그러니 지금 당장 변화가 필요해요!

Q: 어떤 변화 말인가요?

A: 당신 같이 파멸을 부르는 인간들이 님바두꺼비 서식지인 이 산에 구멍을 뚫고 있어요. 당장 그것부터 멈춰요! 토양이 무너지고 땅이 돌처럼 단단해지고 있다고요. 우리의 삶도 망가지고 있고요!

Q: 사람들이 님바 산에 왜 구멍을 뚫어요?

A: 땅속에서 철을 캐려고요. 철은 금속 제품을 만들 때 꼭 필요한 성분이거든요. 하지만 땅을 파면서 우리 집을 다 뒤집어 놓는단 말이에요. 그러니까 지금 당장 멈출 것을 강력히 주장하는 바입니다!

Q: 와, 몸집도 작은 양반이 정말 용감하시네요.

A: 이봐요. 그 시끄러운 굴착기와 거대한 불도저가 나타나 우리 집을 부수기 훨씬 전부터 이 님바 산의 터줏대감은 바로 나였다고요! 몸집이 작든 말든 그게 무슨 상관이에요?

Q: 옳습니다. 사람들이 님바 산을 짓밟기 전에 당신이 한 이야기가 있었죠?

A: 이건 범죄라고요! 채굴 기계는 너무 무거워서 땅을 짓눌러요. 땅이 바위처럼 단단해지면 우리가 땅을 팔 수가 없어요. 채굴을 반드시 금지해야 해요. 지금 당장!

Q: 님바두꺼비는 왜 땅을 파나요? 먹이를 찾는 거예요?

A: 아뇨! 님바 산이 있는 서아프리카 지역은 11월부터 3월까지 건조한 시기가 되면 날씨가 펄펄 끓듯 무더워져요. 우리는 이런 극심한 더위를 견디지 못해요. 피부를 촉촉하게 유지하기 위해 땅속에 몸을 파묻고 비가 많이 오는 장마철이 될 때까지 몇 달이고 기다리죠.

Q: 아, 그런 이유로군요. 장마철엔 뭘 하며 지내나요?

A: 짝짓기요. 암컷과 수컷이 짝을 찾지 못하면 후손을 얻지 못해 지구상에서 님바두꺼비가 영영 사라지겠죠.

Q: 알겠습니다. 짝짓기를 하고 난 다음, 암컷은 알을 낳으러 연못으로 가요? 개구리가 연못에 알을 낳듯 말이에요.

A: 아니요. 아시다시피 우리는 산에 살잖아요. 어디에도 연못이 없어요. 심지어 장마철에도 연못이 생기지 않아요. 그리고 알을 낳는 다른 두꺼비들과 달리, 님바두꺼비는 새끼를 출산한답니다.

Q: 와, 새끼들이 정말 작겠네요.

A: 맞아요. 어른인 나도 3센티미터가 채 안 되는 크기라, 새끼들도 1센티미터가 되지 않을 정도로 작아요. 암컷은 한 번에 열 마리의 새끼를 낳아요.

Q: 그 많은 새끼들을 돌보려면 정신없겠네요. 혹시 유모가 있나요?

A: 아뇨. 하지만 그거 좋은 생각인데요! 지금 당장 두꺼비에게 유모를 제공해 주길 강력히 촉구하는 바입니다! 그리고 신속한 변화가 필요합니다! 새끼 두꺼비의 무상 보육을 지원하라! 맛있는 먹이와 채굴 금지를 보장하라!

Q: 이 인터뷰가 책에 실리면, 많은 사람들이 읽고 좋은 변화가 일어나길 바라요.

A: 나도요. 그런데, 인터뷰 비용은 정말 안 주실 거예요?

Q: 출판사에 이야기해 볼게요. 참, 궁금한 게 있는데요. 4월에 땅 밖으로 나왔을 때 짝짓기 상대를 어떻게 찾아요?

A: 그게 보통 어려운 게 아니에요. 긴 풀숲에 가려져 상대가 잘 안 보이거든요. 그래서 청각에 의지하죠. 수컷이 짝짓기 상대를 찾는 노래를 부르면, 암컷이 그 소리를 듣고 수컷을 찾아가요.

Q: 그 노래는 어떻게 불러요? '님바 두꺼비들의 론리 나이트?' 아니면 '껴안아 주세요, 님바 씨?' 그것도 아니면 '알나리깔나리?'

A: 짓궂으시긴. 멀리서 들려오는 듯 희미한 '빙' 소리에 가까워요.

Q: '빙'이요?

A: 네. 이제 나 따라서 외쳐볼래요? 님바두꺼비에게 짝짓기 상대를 보내달라! 님바두꺼비에게 정의를 실현하라!

타이거카멜레온 인터뷰

저는 지금 마지막 인터뷰 손님을 만나기 위해 인도양의 작은 열대 섬에 나와 있습니다. 지구상에서 비슷한 예를 찾아볼 수 없을 정도로 독특하고 개성 넘치는 이 동물과 대화를 나누기 위해 동물 언어 통역기도 가지고 왔답니다. 타이거카멜레온 씨, 어서 나와주세요!

Q: 안녕하세요. 기분이 어떠신가요, 카멜레온 씨?
A: 카멜레온 교수님이라고 불러주세요.

Q: 허걱, 죄송합니다. 카멜레온도 대학교수가 될 수 있는지 몰랐네요.
A: 보아하니, 모르는게 많으시네. 당신, 우리가 살고 있는 이 섬 이름, 알아요?

Q: '세이셸'이요. 아프리카와 가까운 인도양의 섬나라죠.
A: '쉘'이에요.

Q: '셸'이나 '쉘'이나 그게 그거죠. 교수님도 참. 하하.
A: 난 진지한데, 당신은 장난처럼 받아들이는군요. 우리 '나무 도마뱀'들은 이 섬과 주변의 작은 섬들을 통틀어 '쉘 군도'라고 불러요.

Q: 어휴, 장난도 싫어하시고... 무슨 재미로 사세요? 나무에서 그네 타기는 좋아하세요? 혹시 다른 동물 흉내 내는 '변장 파티' 해본 적 있으신가요?
A: 이런 상황에서 재미라니. 인간은 정말 못 말리겠군요. 하루하루 사느냐 죽느냐 고비인데, 어떻게 재미를 찾을 수 있겠어요? 오늘은 먹이를 찾을 수 있을까? 뱀이나 매한테 잡혀 죽지 않을까? 나무에서 떨어지면 어쩌지? 날마다 고민이라고요.

Q: 그게 멸종 위기에 몰린 이유인가요?
A: 아니에요. 숲에 외래종 식물이 들어와 우리 서식지가 줄어든 것이 가장 큰 이유예요.

Q: 뭐라고요? 외계인이 왔었다고요? 윽, 이거 살 떨리게 무섭네요! 외계인 눈에서 레이저 나오고 엄청 큰 머리통이 달려 있던가요?

A: 우주에서 온 외계 생명체를 말하는 게 아니고요. 이 섬에서 나고 자란 토종 식물이 아닌, 다른 지역에 서식하던 외부 식물을 여기에 가져와 심고 길렀다는 뜻이에요.

Q: 점점 아리송해지네요. 혹시 우주 괴식물한테 당한 거예요?

A: 당신 작가 맞아요? 말귀를 너무 못 알아듣네요. 난 지금 사람들이 이 섬에 심어놓은 식물과 관목들에 대해 걱정스럽게 이야기하고 있잖아요. 예를 들면, 계피 같은 식물이죠.

Q: 전 계피를 싫어해요. 향이 너무 강해서 사과파이 맛을 망치더라고요. 그러니까, 못된 우리 인간들이 카멜레온들이 사는 숲을 베어버리고 거기다가 향신료를 심었다는 거죠?

A: 이제야 말이 통하네! 맞아요. 우리는 나무에 기거하며 메뚜기나 사마귀 같은 곤충을 잡아먹고 사는데 말이에요.

Q: 참. 카멜레온은 징그럽도록 길고 끈끈한 혀를 시속 8000 킬로미터의 속도로 날름거리며 먹이를 잡는다는 게 사실인가요?

A: 징그럽다니요! 이 혀가 얼마나 유용한 도구인데요. 길이는 내 몸길이보다 긴데, 먹잇감을 향해 100분의 1초 속도로 발사할 수 있어요. 혀끝의 끈끈한 점액이 접착제처럼 먹이를 붙잡아매서 내 입안으로 쏙 가져다주거든요. 그렇게 빠른 편도 아니죠 뭐.

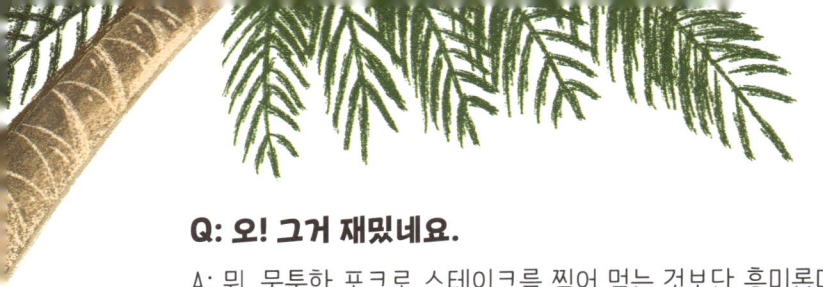

Q: 오! 그거 재밌네요.

A: 뭐, 뭉툭한 포크로 스테이크를 찍어 먹는 것보단 흥미롭다고 할 수 있죠.

Q: 카멜레온은 천적을 피해 위장하려고 색깔을 바꾸나요?

A: 그건 잘못된 소문이고요. 사실이 아니에요. 우리 피부는 여러 가지 색깔을 띨 수 있는데, 주로 카멜레온들끼리 소통하기 위해 색을 바꿔요. 예를 들면, 나와 겨루는 경쟁자에게 '저리 가'라고 경고하거나 이성을 유혹할 때 색깔을 바꿔 내 의사를 전해요.

Q: 이성을 유혹한다고요? 카멜레온이 바람둥이인 줄 몰랐는데요?

A: 아이 참. 무슨 생각을 하는 거예요. 새끼를 낳고 종족을 번식시키려면 당연히 반대의 성끼리—그러니까 암컷과 수컷이—만나야죠. 번식에 실패하면 멸종이에요, 멸종!

Q: 이제 이해했어요! 타이거카멜레온이 세상에 2000마리밖에 남지 않았다는 게 사실인가요?

A: 아마 그럴 거예요. 내가 일일이 숫자를 세어 본 건 아니지만, 우리가 사는 곳은 아주 작은 섬인 데다가 서식지인 숲도 한정된 공간이라 개체 수가 얼마나 될지 뻔하거든요.

이 색깔은 저리 꺼지라는 뜻이야!

Q: 심각한 수치군요. 그런데 '타이거'카멜레온은 호랑이처럼 줄무늬나 무시무시한 앞발, 날카로운 이빨, 두껍고 거친 털도 없는데, 왜 이런 이름을 지었어요?

A: 내 피부는 녹회색이지만, 호랑이를 연상시키는 주황 바탕에 검은색 무늬가 있는 카멜레온도 많아서 타이거카멜레온이라고 부른 것 같아요. 호랑이처럼 포효하거나 영양을 사냥한 적도 없는데 말이죠.

Q: 마지막으로, 왜 몸을 앞뒤로 흔드는지 설명해 주실래요? 혹시 초조하세요?

A: 아니요. 이 동작은 바람에 흔들리는 나뭇가지나 나뭇잎을 모방한 거예요. 그래야 천적의 눈을 속이기 쉽거든요. 물론 카멜레온 눈은 360도로 회전하기 때문에 적이 나타나면 금방 알아챌 수 있지만요.

Q: 맞아요. 그 빙글빙글 돌아가는 눈! 정말 놀라웠어요! 특이하게 생긴 발도 인상적이고요. 전 이제 그만 가봐야 할 것 같은데, 세상에 하고 싶은 이야기가 있다면 남겨 주세요.

A: 어린이 여러분! 도마뱀한테 친절하게 대해주세요. 지구온난화도 멈추고요. 책도 많이 읽기 바라요. 참, 버스 안에서 코 후비지 말고요!

인터뷰에 응해주셔서 감사합니다, 카멜레온 교수님!

멸종 위기에 놓인 동물들을 도우려면

인터뷰를 하며 나는 정말 많은 것을 배울 수 있었어요. 특히 수많은 동물들이 멸종될 위험에 놓인 여러 가지 이유를 알게 됐어요. 도대체 우리 인간이 이 놀라운 생명들에게 무슨 짓을 한 것인지! 이들을 잘 돌보겠다고 하면서 말이에요.

하지만, 잠깐! 아직 희망이 있답니다! 세상에는 우리의 도움이 필요한 동물들을 보호하기 위해 열심히 일하는 좋은 사람들도 많아요.

세상 곳곳에 멸종 위기에 처한 동물들이 있다는 걸 꼭 기억하세요. 코뿔소처럼 덩치가 크고 악어처럼 무시무시한 동물들만이 아니라 나비, 벌, 새, 도롱뇽처럼 몸집이 작은 동물들도 이에 포함돼요. 물론 훨씬 다양한 종류의 수많은 동물들이 우리의 도움을 기다리고 있죠! 아래에 소개한 멸종 위기 동물을 돕는 방법을 읽고, 여러분이 할 수 있는 일은 무엇인지 찾아보세요!

1. 야생동물 관찰하기

부모님과 국립공원이나 자연 보호 구역, 야생동물 보호 지역, 또는 동물원을 방문하고 다음과 같은 활동을 해보아요.
- 눈에 띄는 동물 없는지 살피기
- 내가 사는 지역의 야생동물 공부하기
- 위험에 처한 동물을 보호하기 위해 어떤 활동이 전개되고 있는지 조사하기

2. 환경단체 가입하기

어디에나 동물들의 자연 서식지를 보호하기 위해 노력하는 훌륭한 단체가 많이 있어요. 세계자연기금(WWF, 세계에서 제일 규모가 큰 자연보전 단체)이나 한국조류보호협회처럼 야생동물 보호 기구에 회원 가입하고 활동해 보아요.

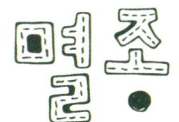

3. 기부금 모으기

부모님이나 선생님께 멸종 위기 동물을 보호하는 비영리 단체에 보낼 기부금 모금 활동을 도와달라고 부탁드려요.
- 모금을 위해 어떤 재미있는 활동을 하면 좋을지 생각해 보아요. 책이나 장난감, 여러분이 직접 구운 쿠키를 판매하는 벼룩시장은 어떨까요?
- 학교에서 야생동물 보호 단체와 관련된 행사를 열 수 있을지 선생님께

여쭤보아요.
- 친구들에게 야생동물 보호 단체에 기부한다는 서약서를 나눠주고 서명을 받아 오세요.

4. 해변의 쓰레기 줍고 청소하기
쓰레기는 야생동물에게 해가 될 수 있어요. 해변에 함부로 버리고 온 쓰레기가 먼바다까지 흘러들어가 해양 동물의 생명을 위협하는 것처럼요. 부모님과 함께 아래 소개된 활동을 해보세요.
- 내가 사는 지역의 해변을 청소하는 자원봉사자들이 있는지 알아보기
- 해변에 나가 버려진 플라스틱 병 등 쓰레기를 주워서 가방에 담아온 다음, 분리배출하기. 쓰레기를 주울 땐 장갑을 착용하거나 집게를 사용해요.
- 내가 주운 쓰레기는 해변에 설치된 쓰레기통이 아니라 우리 동네로 가져와 버리기. 해변 쓰레기통이 차고 넘치면 바다로 흘러들어갈 수 있거든요.

5. 의견 전달하기
정치가나 사회 지도자들은 중요한 의사 결정을 내릴 수 있는 권한을 갖고 있어요. 야생동물을 보호하는 정책도 만들 수 있죠. 이분들이 멸종 위기 동물들에 관심을 갖도록 편지를 쓰면 어떨까요? 제안하고 싶은 좋은 아이디어가 있다면 편지에 써서 부모님께 부쳐 달라고 하세요.

6. 물자 아껴 쓰기
물건을 만들고 사용할 땐 항상 에너지가 소모돼요. 에너지를 많이 쓸수록 환경 오염도 증가하죠. 지구는 온 우주에 단 하나뿐이며, 멸종 위기 동물을 포함한 모든 생명체의 집이기 때문에 소중하게 가꿔야 해요. 다음과 같이 소소하지만 중요한 원칙을 지킨다면 지구에 좋은 영향을 미칠 거예요.
- 물, 음식, 종이를 낭비하지 않도록 노력해요.
- 안 쓰는 전자 기기는 전원을 차단해 전기 소모를 줄여요.
- 가능하면, 자동차 대신 자전거를 타거나 걸어 다녀요.
- 재활용 전문가가 돼 보세요.
- 쓰레기를 함부로 버리지 않아요.

7. 플라스틱과 작별하기
과학자들은 무수히 많은 미세 플라스틱 조각이 강과 바다, 토양으로 흘러 들어가 축적되고 있다고 밝혔어요. 결국 동물들 몸에도 미세 플라스틱이 쌓여 해를 일으킬 거예요. 정말 걱정스러운 일이죠.
- 쇼핑한 물건은 비닐봉지 대신 계속 쓸 수 있는 천 가방에 담아요.
- 한 번 쓰고 버리는 플라스틱 병 말고, 개인 컵이나 텀블러에 음료를 담아 마셔요.
- 플라스틱 용기에 들어있는 샴푸나 목욕 제품 대신 비누를 사용해요.

8. 책 읽고 조사하기
야생동물과 환경을 지키기 위해 여러분이 할 수 있는 가장 쉬운 일은 도서관에 가는 거예요. 도서관은 누구나 무료로 이용할 수 있답니다! 멸종 위기 동물에 대한 책을 찾아보고 이들을 보호하는 활동은 어떤 것이 있는지 정보를 검색해 보세요. 무엇이든 제대로 알아야 해결 방법을 찾을 수 있어요.

도전! 〈자연 탐구 영역〉 평가

다음은 이 책에 등장한 열 마리의 멸종 위기 동물에 관한 질문입니다. 시험이라 생각하고 겁낼 필요 없어요! 읽은 내용을 잘 떠올리면 누구나 풀 수 있는 재미있는 퀴즈니까요. 정답은 하단에 있으니, 다 풀고 맞춰보세요.

1. 검은코뿔소가 먹는 음식은 무엇일까요?
① 흰코뿔소   ② 풀과 여러 가지 식물   ③ 아프리카 영양   ④ 된장찌개

2. 쿠바악어는 쥐를 어떻게 잡을까요?
① 물속에서 나무 위까지 힘차게 뛰어올라서   ② 쥐를 잡지 않는다
③ 통나무인 척 위장해서   ④ 폭탄을 터트려서

3. 날여우박쥐가 나무를 자라게 하는 방법은 무엇인가요?
① 날마다 물을 줘서   ② 씨앗을 먹어서   ③ 구멍을 파서   ④ 공중에서 똥을 싸서

4. 대왕판다 새끼는 어떻게 생겼을까요?
① 덩치가 크고 흰 털과 검은 털이 섞여 있다   ② 작고, 분홍색 피부에 앞을 잘 보지 못한다
③ 노란 몸통에 보라색 점이 있다   ④ 잘 울게 생겼다

5. 밀렵꾼은 왜 수마트라코끼리를 죽이나요?
① 상아를 얻으려고   ② 가죽을 얻으려고   ③ 코끼리가 작물을 발로 짓이겨서   ④ 원래 성격이 나빠서

6. 타이거카멜레온은 왜 색깔을 바꿀까요?
① 패션에 관심이 많아서   ② 위장하려고   ③ 이성을 유혹하려고   ④ 변덕이 심해서

7. 넘바두꺼비의 서식지를 망가뜨린 것은 무엇일까요?
① 등산객   ② 감자를 재배하는 농부들   ③ 굴착기   ④ 동네 개구쟁이들

8. 사막독사는 이제 몇 마리나 남았을까요?
① 6마리   ② 59,000마리   ③ 400만 마리   ④ 2,000마리

9. 푸른바다거북이 음식인 줄 알고 잘못 먹은 것은 무엇일까요?
① 비닐봉지   ② 레코드판   ③ 핸드백   ④ 배구공

10. 카카포는 짝짓기 상대를 찾을 때 어떤 소리를 낼까요?
① 뿡뿡   ② 쪽쪽   ③ 붐   ④ 캭

정답: 1-②, 2-①, 3-④, 4-②, 5-①, 6-③, 7-③, 8-④, 9-①, 10-③